SOLDES EN FRANCS

ALLOUÉES AU PERSONNEL

DES SERVICES CIVILS ET MILITAIRES DE L'INDO-CHINE FRANÇAISE

DÉCOMPTÉES EN PIASTRES

PAR AN, PAR MOIS ET PAR JOUR

AU TAUX DE :

3 francs 45 centimes

PAR

ÉLIE-BAPTISTIDE (Pierre-Emmanuel),
Directeur de l'imprimerie du Gouvernement.

SAIGON

IMPRIMERIE COLONIALE

—

1893

4ᵉ FASCICULE

TAUX

3 francs 45 centimes

REMARQUE.

Pour trouver le résultat en *piastres* et *cents* d'un nombre quelconque de jours *des allocations annuelles* portées dans la colonne n° 1 de chaque page du manuel, il suffit de multiplier la somme afférente à une journée (colonne n° 4) par le nombre de jours dont le décompte est demandé.

En ce qui concerne les soldes annuelles qui ne s'y trouvent pas, il y a tout simplement lieu de multiplier les conversions inscrites *en regard de un franc* (colonnes 2, 3, 4) par le *quantum* de ces traitements, selon qu'il s'agit d'obtenir le décompte pour UN AN, pour UN MOIS ou pour UN JOUR.

TAUX OFFICIEL EN VIGUEUR.

3 francs 45 centimes la piastre.

ALLOCATIONS annuelles en FRANCS. 1	CONVERSIONS EN PIASTRES par		
	AN. 2	MOIS. 3	JOUR. 4
120,000 —	34,782 61	2,898 55	96 61836
66,000 —	19,130 43	1,594 20	53 14008
60,000 —	17,391 30	1,449 28	48 30918
58,200 —	16,869 57	1,405 80	46 85992
54,000 —	15,652 17	1,304 35	43 47825
30,000 —	8,695 65	724 64	24 15458
29,370 —	8,513 04	709 42	23 64733
20,370 —	5,904 35	492 03	16 40097
20,000 —	5,797 10	483 00	16 10306
19,422 —	5,629 57	469 13	15 63769
18,864 —	5,467 83	455 65	15 18842
18,000 —	5,217 39	434 78	14 49275
16,426 80	4,761 39	396 78	13 22608
16,000 —	4,637 68	386 47	12 88244
15,720 —	4,556 52	379 71	12 65700
15,700 —	4,550 72	379 23	12 64089
15,000 —	4,347 83	362 32	12 07731
13,750 —	3,985 51	332 13	11 07086
13,580 —	3,936 23	328 02	10 93397
13,185 81	3,821 97	318 50	10 61658
13,000 —	3,768 12	314 01	10 46700
12,621 60	3,658 43	304 85	10 16176
12,564 —	3,641 74	303 48	10 11594
12,554 88	3,639 10	330 26	10 10861
12,000 —	3,478 26	289 85	9 66178

ALLOCATIONS annuelles en FRANCS.	CONVERSIONS EN PIASTRES par		
1	AN. 2	MOIS. 3	JOUR. 4
11,820 —	3,426 09	285 51	9 51692
11,640 —	3,373 91	281 16	9 37197
11,052 —	3,203 48	266 96	8 89855
11,000 —	3,188 41	265 70	8 85669
10,500 —	3,043 48	253 62	8 45411
10,185 —	2,952 17	246 01	8 20047
10,137 60	2,938 43	244 87	8 16233
10,000 —	2,898 55	241 55	8 05153
9,700 —	2,811 59	233 38	7 80997
9,511 58	2,756 98	229 75	7 65823
9,500 —	2,753 62	229 47	7 64894
9,050 40	2,623 30	218 61	7 28694
9,036 —	2,619 13	218 26	7 27536
9,000 —	2,608 70	217 39	7 24639
8,830 80	2,559 65	213 30	7 11014
8,802 —	2,551 30	212 61	7 08694
8,730 —	2,530 43	210 87	7 02898
8,500 —	2,463 77	205 31	6 84381
8,103 60	2,348 87	195 74	6 52467
8,040 —	2,330 43	194 20	6 47342
8,000 —	2,318 84	193 24	6 44122
7,940 —	2,301 45	191 79	6 39292
7,814 —	2,264 93	188 74	6 29147
7,760 —	2,249 28	187 44	6 24800
7,610 40	2,205 91	183 88	6 12919
7,610 —	2,205 80	183 82	6 12722
7,600 —	2,202 90	183 58	6 11917
7,500 —	2,173 91	181 16	6.03864
7,416 —	2,149 57	179 13	5 97103
7,390 —	2,142 03	178 50	5 95008

ALLOCATIONS annuelles en FRANCS.	CONVERSIONS EN PIASTRES par		
1	AN. 2	MOIS. 3	JOUR. 4
7,275 —	2,108 70	175 73	5 85750
7,200 —	2,086 96	173 92	5 79722
7,000 —	2,028 99	169 08	5 63608
6,838 —	1,982 03	165 17	5 50564
6,795 —	1,969 57	164 13	5 47103
6,790 —	1,968 12	164 01	5 46700
6,500 —	1,884 06	157 01	5 23350
6,499 —	1,883 77	156 98	5 23269
6,444 —	1,867 83	155 65	5 18842
6,414 —	1,859 13	154 93	5 16425
6,402 —	1,855 65	154 64	5 15458
6,400 —	1,855 07	154 59	5 15297
6,335 —	1,836 23	153 02	5 10064
6,321 60	1,832 85	152 70	5 08986
6,120 —	1,773 91	147 83	4 92753
6,066 —	1,758 26	146 52	4 88405
6,014 —	1,743 19	145 26	4 84214
6,000 —	1,739 13	144 93	4 83092
5,925 —	1,717 39	143 12	4 77053
5,868 —	1,700 87	141 74	4 72464
5,820 —	1,686 96	140 58	4 68600
5,760 —	1,669 57	139 13	4 63769
5,550 40	1,608 81	134 17	4 47225
5,529 —	1,602 61	133 55	4 45169
5,500 —	1,594 20	132 85	4 42833
5,472 —	1,586 09	132 17	4 40581
5,346 —	1,549 57	129 13	4 30436
5,335 —	1,546 38	128 87	4 29550
5,270 40	1,527 65	127 30	4 24347
5,250 —	1,521 74	126 81	4 22706

ALLOCATIONS annuelles en FRANCS.	CONVERSIONS EN PIASTRES par		
	AN.	MOIS.	JOUR.
1	2	3	4
5,238 —	1,518 25	126 52	4 21736
5,153 68	1,493 82	124 49	4 14950
5,092 50	1,476 09	123 01	4 10025
5,044 —	1,462 04	121 84	4 06122
5,040 —	1,460 87	121 74	4 05797
5,000 —	1,449 28	120 77	4 02578
4,970 —	1,440 58	120 05	4 00161
4,947 —	1,433 91	119 49	3 98308
4,896 —	1,419 13	118 26	3 94203
4,886 —	1,416 23	118 02	3 93397
4,850 —	1,405 80	117 15	3 90500
4,800 —	1,391 30	115 94	3 86472
4,793 67	1,389 47	115 79	3 85958
4,788 —	1,387 83	115 65	3 85508
4,753 —	1,377 68	114 81	3 82689
4,659 40	1,350 55	112 55	3 75154
4,656 —	1,349 57	112 46	3 74881
4,636 —	1,343 77	111 98	3 73269
4,600 —	1,333 33	111 11	3 70370
4,550 40	3,118 96	109 91	3 66377
4,547 80	1,318 20	109 85	3 66167
4,547 37	1,318 08	109 84	3 66133
4,509 50	1,307 10	108 93	3 63083
4,500 —	1,304 35	108 70	3 62319
4,491 —	1,301 74	108 48	3 64928
4,485 —	1,300 00	108 33	3 61411
4,471 58	1,296 11	108 01	3 60031
4,462 —	1,293 33	107 78	3 59259
4,455 —	1,291 30	107 61	3 58695
4,413 50	1,279 28	106 61	3 55356

ALLOCATIONS annuelles en FRANCS.	CONVERSIONS EN PIASTRES par		
1	AN. 2	MOIS. 3	JOUR. 4
4,401 —	1,275 65	106 30	3 54347
4,365 —	1,265 22	105 44	3 51450
4,268 —	1,237 10	103 09	3 43639
4,248 —	1,221 30	101 78	3 39251
4,206 32	1,219 22	101 60	3 38672
4,201 20	1,217 74	101 48	3 38261
4,200 —	1,217 39	101 45	3 38164
4,171 —	1,208 99	100 75	3 35831
4,122 50	1,194 93	99 58	3 31925
4,100 —	1,188 41	99 03	3 30114
4,074 —	1,180 87	98 41	3 28019
4,061 —	1,177 10	98 09	3 26972
4,057 20	1,176 00	98 00	3 26667
4,001 —	1,159 71	96 64	3 22142
4,000 —	1,159 42	96 62	3 22061
3,996 —	1,158 26	96 52	3 21739
3,977 —	1,152 75	96 06	3 20208
3,928 50	1,138 70	94 89	3 16306
3,916 —	1,135 07	94 59	3 15297
3,907 —	1,132 64	94 37	3 14572
3,880 —	1,124 64	93 72	3 12400
3,816 —	1,106 09	92 17	3 07247
3,801 20	1,101 80	91 82	3 06056
3,800 —	1,101 45	91 79	3 05958
3,795 40	1,100 12	91 68	3 05589
3,750 —	1,086 94	90 58	3 01928
3,744 20	1,085 28	90 44	3 01467
3,711 33	1,075 75	87 98	2 93266
3,700 —	1,072 46	89 37	2 97906
3,686 —	1,068 41	89 03	2 96781

ALLOCATIONS annuelles en FRANCS.	CONVERSIONS EN PIASTRES par		
1	AN. 2	MOIS. 3	JOUR. 4
3,600 —	1,043 48	86 96	2 89856
3,556 20	1,030 78	85 90	2 86328
3,550 20	1,029 04	85 75	2 85844
3,550 —	1,028 99	85 75	2 85830
3,500 —	1,014 49	84 54	2 81803
3,499 20	1,014 46	84 52	2 81739
3,492 —	1,012 17	84 35	2 81158
3,485 —	1,010 14	84 18	2 80596
3,467 —	1,004 93	83 74	2 79147
3,419 —	991 01	82 58	2 75281
3,395 —	984 06	82 01	2 73350
3,380 —	979 71	81 64	2 72142
3,356 20	972 81	81 07	2 70225
3,350 20	971 07	80 92	2 69742
3,350 —	971 01	80 92	2 69725
3,333 33	966 18	80 82	2 68383
3,300 —	956 52	79 71	2 65700
3,250 —	942 03	78 50	2 61675
3,200 —	927 54	77 30	2 57650
3,162 20	916 58	76 38	2 54606
3,152 50	913 77	76 15	2 53826
3,082 40	893 45	74 45	2 48181
3,045 60	882 78	73 57	2 45217
3,043 30	882 12	73 51	2 45033
3,000 —	869 57	72 46	2 41547
2,998 80	869 22	72 44	2 41450
2,991 —	866 96	72 25	2 40822
2,968 20	860 35	71 70	2 38986
2,934 —	850 43	70 85	2 36175
2,910 —	843 48	70 29	2 34300

ALLOCATIONS annuelles en FRANCS.	CONVERSIONS EN PIASTRES par		
1	AN. 2	MOIS. 3	JOUR. 4
2,900 —	840 58	70 05	2 33494
2,882 40	835 48	69 62	2 32078
2,850 —	826 09	68 84	2 29469
2,800 —	811 59	67 63	2 25443
2,774 20	804 12	67 01	2 23367
2,750 —	797 10	66 43	2 21417
2,716 —	787 25	65 60	2 18681
2,700 —	782 61	65 22	2 17392
2,673 —	774 78	64 57	2 15217
2,670 —	773 91	64 49	2 14975
2,666 66	772 94	64 41	2 14706
2,619 —	759 13	63 26	2 10869
2,600 —	753 62	62 80	2 09339
2,522 —	731 01	60 92	2 03058
2,502 —	725 22	60 44	2 01450
2,500 —	724 64	60 39	2 01289
2,475 —	717 39	59 78	1 99275
2,470 —	715 94	59 66	1 98872
2,443 —	708 12	59 01	1 96700
2,425 —	702 90	58 58	1 95250
2,400 —	695 65	57 97	1 93236
2,345 —	679 71	56 64	1 88808
2,328 —	674 78	56 23	1 87439
2,250 —	652 17	54 35	1 81158
2,227 50	645 65	53 80	1 79347
2,209 —	640 29	53 36	1 77858
2,200 —	637 68	53 14	1 77133
2,192 20	635 42	52 95	1 76506
2,182 50	632 61	52 72	1 75725
2,107 —	610 72	50 89	1 69644

ALLOCATIONS annuelles en FRANCS. 1	CONVERSIONS EN PIASTRES par		
	AN. 2	MOIS. 3	JOUR. 4
2,100 —	608 70	50 73	1 69083
2,082 40	603 59	50 30	1 67664
2,069 55	599 87	49 99	1 66631
2,005 —	581 16	48 43	1 61433
2,001 —	580 00	48 33	1 61111
2,000 —	579 71	48 31	1 61031
1,976 —	572 75	47 73	1 59097
1,970 —	571 01	47 58	1 58614
1,958 —	567 54	47 30	1 57650
1,945 —	563 77	46 98	1 56603
1,940 —	562 32	46 86	1 56200
1,910 —	553 62	46 14	1 53783
1,901 20	551 07	45 92	1 53075
1,900 —	550 72	45 89	1 52978
1,891 50	548 12	45 68	1 52256
1,850 —	536 23	44 69	1 48953
1,843 —	534 20	44 52	1 48389
1,819 —	527 25	43 85	1 46181
1,800 —	521 74	43 48	1 44928
1,794 50	520 14	43 35	1 44483
1,782 —	516 52	43 04	1 43478
1,750 —	507 25	42 27	1 40903
1,746 —	506 09	42 17	1 40581
1,700 —	492 75	41 06	1 36875
1,697 50	492 03	41 00	1 36675
1,675 —	485 51	40 46	1 34864
1,650 —	478 26	39 86	1 32850
1,649 —	477 97	39 83	1 32769
1,610 20	466 72	38 89	1 29644
1,600 50	463 91	38 66	1 28864

ALLOCATIONS annuelles en FRANCS.	CONVERSIONS EN PIASTRES par		
1	AN. 2	MOIS. 3	JOUR. 4
1,600 —	463 77	38 65	1 28825
1,552 —	449 86	37 49	1 24961
1,512 —	438 26	36 52	1 21739
1,500 —	434 78	36 23	1 20772
1,485 —	430 43	35 85	1 19508
1,455 —	421 74	35 15	1 17150
1,450 —	420 29	35 02	1 16747
1,440 —	417 39	34 78	1 15942
1,423 75	412 68	34 39	1 14633
1,406 50	406 68	33 89	1 12966
1,400 —	405 80	33 82	1 12722
1,391 75	403 99	33 67	1 12219
1,358 —	393 62	32 80	1 09339
1,340 —	388 41	32 37	1 07892
1,334 —	386 67	32 22	1 07408
1,332 —	386 09	32 17	1 07247
1,312 50	380 43	31 70	1 05675
1,309 50	379 57	31 63	1 05436
1,300 —	376 81	31 40	1 04669
1,299 37	376 63	31 39	1 04619
1,273 12	369 00	30 75	1 02500
1,261 —	365 51	30 46	1 01531
1,250 —	362 32	30 19	1 00644
1,243 —	360 29	30 02	1 00081
1,200 —	347 83	28 99	0 96619
1,188 —	344 35	28 70	0 95653
1,172 50	339 85	28 32	0 94403
1,164 —	337 39	28 12	0 93719
1,104 50	320 14	26 68	0 88928
1,100 —	318 84	26 57	0 88567

3ᶠ 45

ALLOCATIONS annuelles en FRANCS.	CONVERSIONS EN PIASTRES par		
1	AN. 2	MOIS. 3	JOUR. 4
1,098 —	318 26	26 52	0 88406
1,087 34	318 07	26 51	0 88353
1,076 63	312 07	26 01	0 86686
1,067 —	309 28	25 77	0 85911
1,054 87	305 76	25 48	0 84933
1,054 —	305 51	25 47	0 84892
1,053 60	305 39	25 45	0 84831
1,050 —	304 35	25 36	0 84542
1,015 98	294 49	24 54	0 81803
1,000 —	289 86	24 16	0 80517
975 —	282 61	23 55	0 78503
970 —	281 16	23 43	0 78100
965 25	279 78	23 32	0 77717
960 —	278 26	23 19	0 77294
946 39	274 32	22 86	0 76200
945 75	274 12	22 84	0 76144
931 20	269 91	22 49	0 74975
921 50	267 10	22 26	0 74194
900 —	260 87	21 74	0 72464
875 —	253 62	21 14	0 70450
873 —	253 04	21 09	0 70289
862 50	250 00	20 83	0 69444
855 —	247 83	20 65	0 68842
853 87	247 50	20 63	0 68750
850 —	246 38	20 53	0 68439
836 62	242 50	20 21	0 67361
803 60	232 93	19 41	0 64703
800 25	231 96	19 33	0 64433
800 —	231 84	19 32	0 64412
799 20	231 65	19 30	0 64347

ALLOCATIONS annuelles en FRANCS.	CONVERSIONS EN PIASTRES par		
1	AN. 2	MOIS. 3	JOUR. 4
795 40	230 55	19 21	0 64042
776 —	224 93	18 74	0 62481
758 —	219 71	18 31	0 61031
750 —	217 39	18 12	0 60386
727 50	210 87	17 57	0 58575
725 —	210 14	17 51	0 58373
720 —	208 70	17 39	0 57972
700 —	202 90	16 91	0 56361
698 40	202 43	16 87	0 56232
693 50	201 01	16 75	0 55837
660 —	191 30	15 94	0 53140
650 —	188 41	15 70	0 52336
640 20	185 57	15 46	0 51547
640 —	185 51	15 46	0 51531
630 93	182 88	15 24	0 50800
620 50	179 86	14 99	0 49961
620 —	179 71	14 98	0 49919
610 —	176 81	14 73	0 49114
601 20	174 26	14 52	0 48406
600 —	173 91	14 49	0 48308
584 —	169 28	14 11	0 47022
582 —	168 70	14 06	0 46861
550 —	159 42	13 29	0 44283
547 50	158 70	13 23	0 44083
533 50	154 64	12 89	0 42956
526 80	152 70	12 73	0 42417
520 —	150 72	12 56	0 41867
511 —	148 12	12 34	0 41144
510 —	147 83	12 32	0 41064
501 10	145 25	12 10	0 40347

ALLOCATIONS annuelles en FRANCS.	CONVERSIONS EN PIASTRES par		
1	AN. 2	MOIS. 3	JOUR. 4
500 —	144 92	12 08	0 40256
489 16	141 79	11 82	0 39386
485 —	140 58	11 72	0 39050
428 93	124 33	10 36	0 34536
424 37	123 01	10 25	0 34169
413 91	120 00	10 00	0 33333
403 20	116 87	9 74	0 32464
401 50	116 38	9 70	0 32328
400 —	115 94	9 66	0 32206
388 —	112 46	9 37	0 31239
375 —	108 70	9 06	0 30194
365 —	105 80	8 82	0 29389
361 23	104 70	8 73	0 29083
351 63	101 92	8 49	0 28311
346 75	100 51	8 38	0 27919
338 66	98 45	8 20	0 27347
328 50	95 22	7 94	0 26450
315 25	91 38	7 62	0 25383
310 25	89 93	7 49	0 24981
300 —	86 96	7 25	0 24156
291 —	84 35	7 03	0 23431
278 87	80 83	6 74	0 22453
273 75	79 35	6 61	0 22042
250 —	72 46	6 04	0 20128
246 31	71 39	5 95	0 19831
244 58	70 89	5 91	0 19692
243 80	70 67	5 89	0 19631
242 50	70 29	5 86	0 19525
240 —	69 57	5 80	0 19325
237 25	68 77	5 73	0 19103

ALLOCATIONS annuelles en FRANCS.	CONVERSIONS EN PIASTRES par		
1	AN. 2	MOIS. 3	JOUR. 4
232 80	67 49	5 62	0 18747
229 25	66 45	5 54	0 18458
220 —	63 77	5 31	0 17714
200 —	57 97	4 81	0 16047
193 45	56 07	4 67	0 15575
182 50	52 90	4 41	0 14694
180 61	52 35	4 36	0 14542
175 20	50 78	4 23	0 14106
150 —	43 48	3 62	0 12078
125 —	36 23	3 02	0 10064
110 —	31 88	2 66	0 08856
100 —	28 99	2 42	0 08053
90 —	26 09	2 17	0 07247
80 —	23 19	1 93	0 06442
75 —	21 74	1 81	0 06039
70 —	20 29	1 69	0 05636
65 —	18 84	1 57	0 05233
60 —	17 39	1 45	0 04831
55 —	15 94	1 33	0 04428
50 —	14 49	1 21	0 04025
45 —	13 04	1 09	0 03622
40 —	11 59	0 97	0 03219
39 —	11 30	0 94	0 03139
38 —	11 01	0 92	0 03058
37 —	10 72	0 89	0 02978
36 —	10 43	0 87	0 02897
35 —	10 14	0 85	0 02822
34 —	9 86	0 82	0 02739
33 —	9 57	0 80	0 02658
32 —	9 28	0 77	0 02578

ALLOCATIONS annuelles en FRANCS.	CONVERSIONS EN PIASTRES par		
1	AN. 2	MOIS. 3	JOUR. 4
30 —	8 70	0 73	0 02417
29 —	8 41	0 70	0 02336
28 —	8 12	0 68	0 02256
27 —	7 83	0 65	0 02175
26 —	7 54	0 63	0 02094
25 —	7 25	0 60	0 02014
24 —	6 96	0 58	0 01933
23 —	6 67	0 56	0 01851
22 —	6 38	0 53	0 01772
21 —	6 09	0 51	0 01692
20 —	5 80	0 48	0 01611
19 —	5 51	0 46	0 01531
18 —	5 22	0 44	0 01450
17 —	4 93	0 41	0 01378
16 —	4 64	0 39	0 01289
15 —	4 35	0 36	0 01208
14 —	4 06	0 34	0 01128
13 —	3 77	0 31	0 01047
12 —	3 48	0 29	0 00967
11 —	3 19	0 27	0 00886
10 —	2 90	0 24	0 00805
9 —	2 61	0 22	0 00725
8 —	2 32	0 19	0 00644
7 —	2 03	0 17	0 00558
6 —	1 74	0 14	0 00483
5 —	1 45	0 12	0 00403
4 —	1 16	0 10	0 00322
3 —	0 87	0 07	0 00242
2 —	0 58	0 05	0 00160
1 —	0ᵍ 2898551	0ᵍ 0241546	0ᵍ 000805153